同乐教育宗旨

同于自性

颐养天真

有教无类

乐学致远

同樂中文
www.tonglec.org
出品

书　　　名	同乐中文教材.文化短语.幼儿班.下册
版　　　本	2.0 – 己亥年夏
主　　　编	李碧涛
教 材 研 发	清心、馨幔
出 版 发 行	同乐中文学校 TongLe Chinese School
标 准 书 号	ISBN 978-1947612082
网　　　址	www.tonglec.org
电 子 邮 件	admin@tonglec.org

Copyright © 2018 by Bitao Li. All rights reserved.
Printed in the United States of America. No part of this book may be used or reproduced in any manner whatsoever without written permission except in the case of brief quotations embodied in critical articles and reviews. Some pictures are from Internet. If there is infringement, please contact us to delete. For information please email Tongle Chinese School at admin@tonglec.org

版权所有，侵权必究

心(事)乱如麻

001

拔刀相助

002

挥金如土

鱼目混珠

半吞半吐、吞吞吐吐

后会有期

各人自扫门前雪,休管他人瓦上霜。

跳入黄河--洗不清

清白:品行端正无污点,廉洁自律。

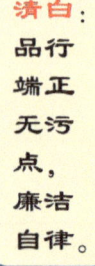

污浊:不干净的东西,比喻行为不正,腐朽没落的东西。

黄河水本来浑浊,所以跳进去是很难将身上的污垢冲洗干净的。比喻很难摆脱干系、避免嫌疑。

光宗耀祖

009

谋事在人，成事在天。

010

亭台楼阁

011

荣华富贵

012

热锅上的蚂蚁

既有今日，何必当初。

价值连城、无价之宝

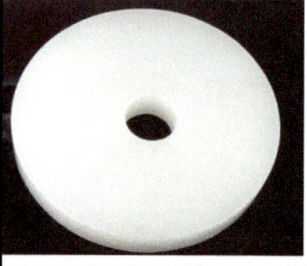

015

眼明手快

016

不辞劳苦

017

民之父母、父母官

岂弟（恺悌）君子，民之父母。--《诗经·大雅·泂酌》
《诗》云："乐只君子，民之父母。"民之所好好之，民之所恶恶之，此之谓民之父母。--《大学》

018

哄堂大笑

看到搞笑的东西或听见好笑的事，全屋子的人同时大笑。

心血来潮

指心里突然或偶然起了一个念头。例如心血来潮一下子购买很多食品，或者做个有趣的实验。

聚少成多、积少成多

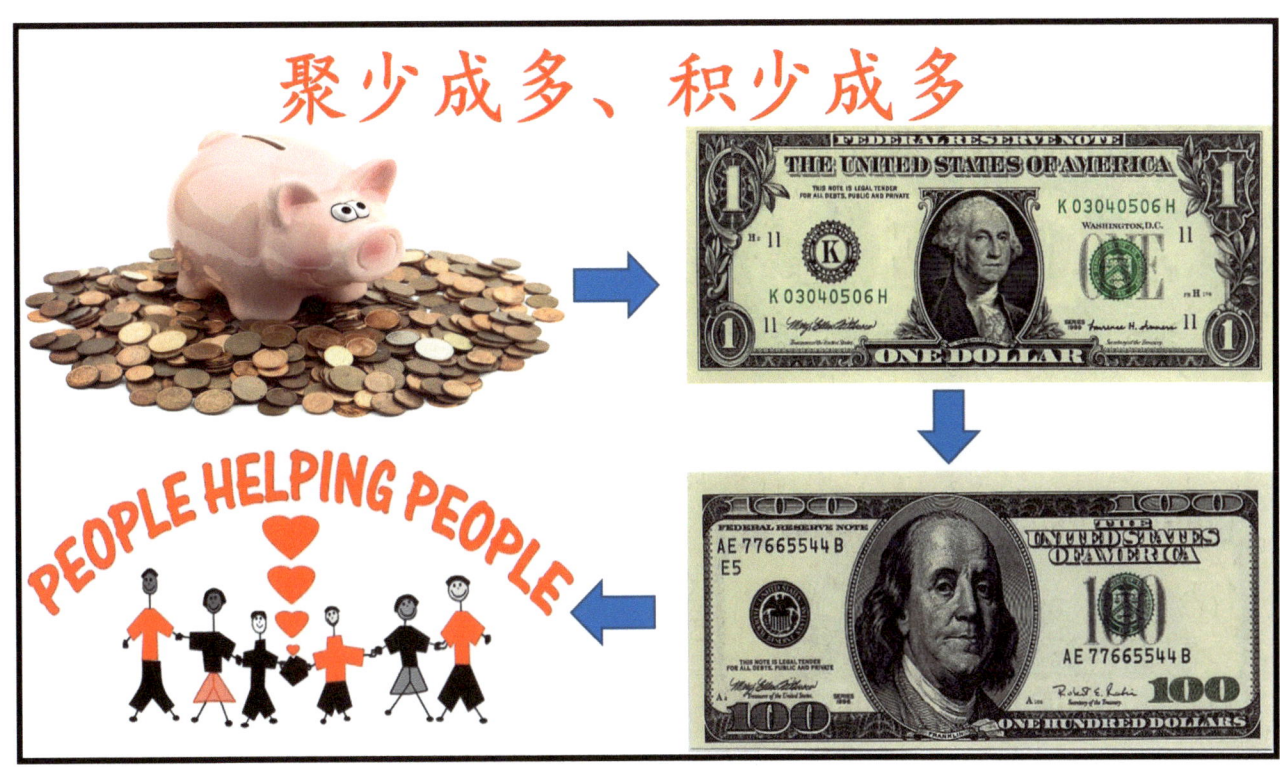

入不敷出

成全、成人之美

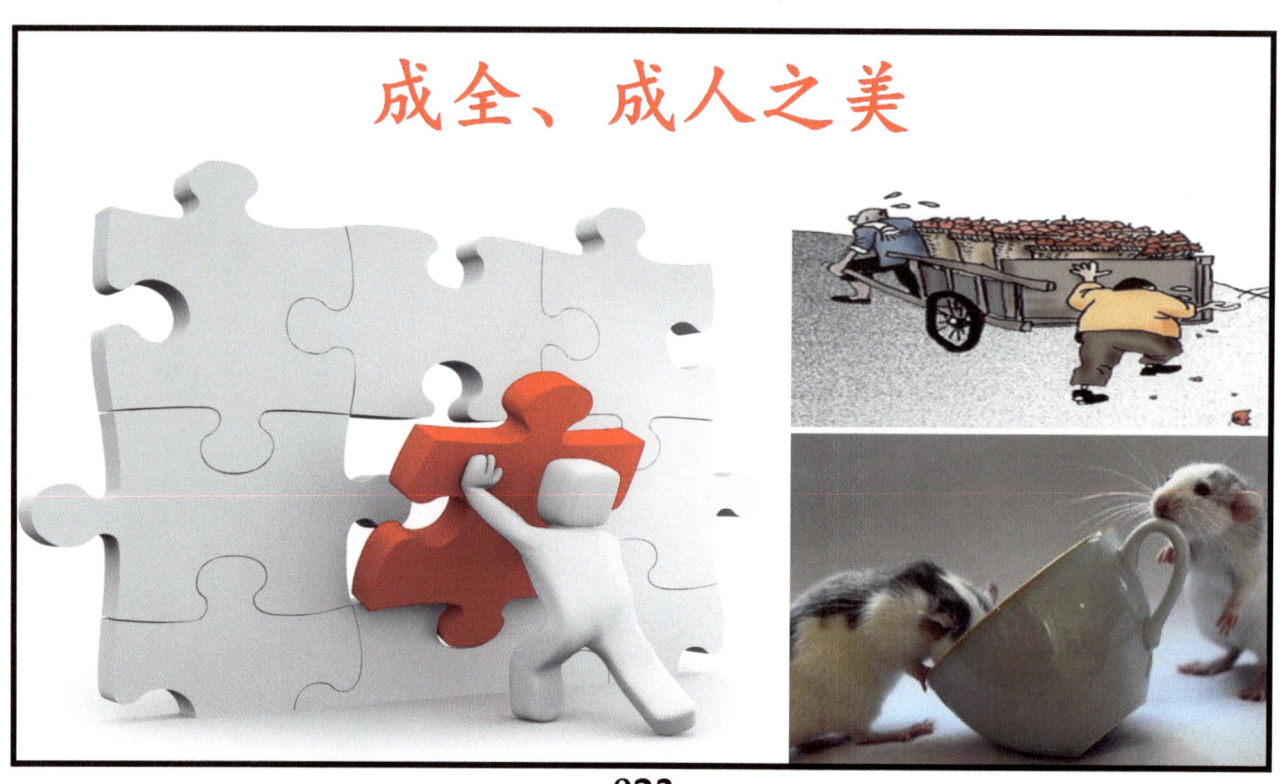

023

铁公鸡 -- 一毛不拔

我只想存钱，不想花钱。

024

走漏风声

025

纸包不住火

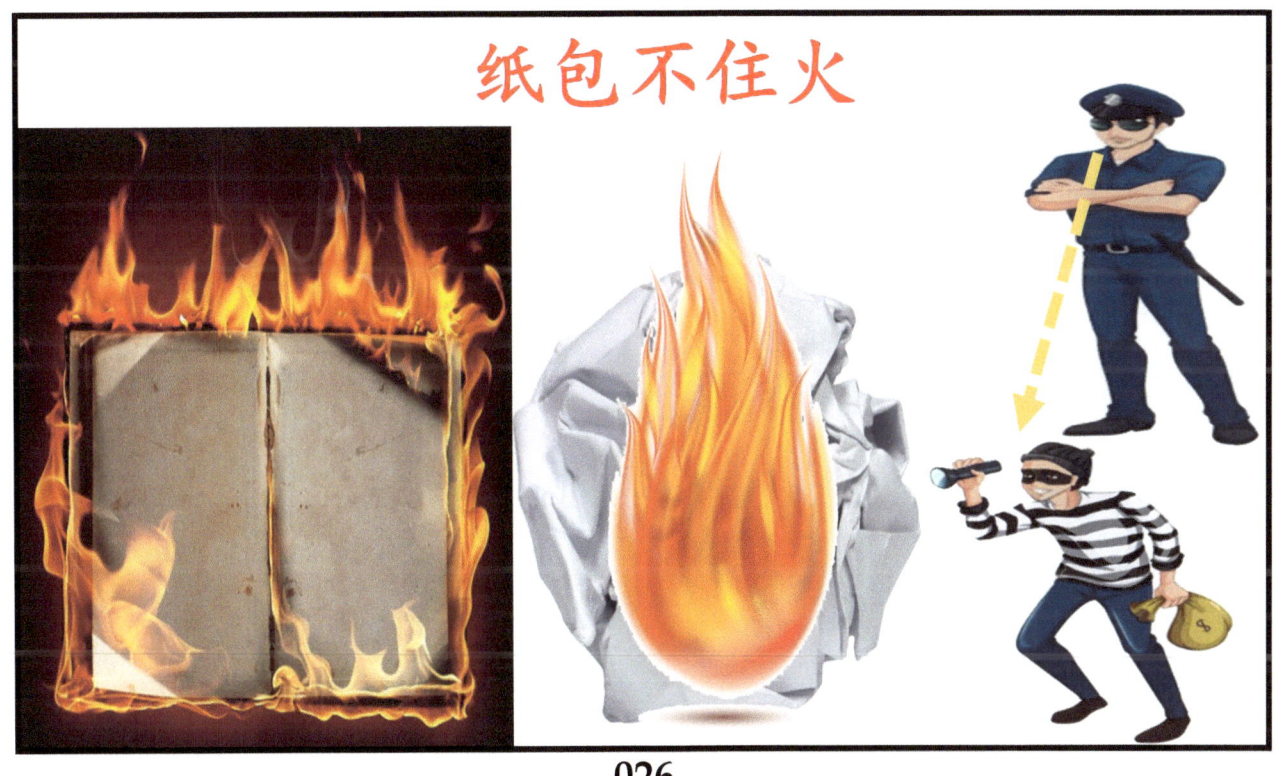

026

若要人不知，除非己莫为。

曾子曰："十目所视，十手所指，其严乎！" --《大学》

人在做天在看

做人脚踏实地
做事问心无愧
心安理得
最尊贵

貌不惊人

帅气的，美丽的……

丑怪的……

普通样子的……

坐吃山空

指光消费,不生产。
即使有堆积如山的财富,也要耗尽。

029

平起平坐

或饮食,或坐走,长者先。
——《弟子规》

030

虎头蛇尾

031

左思右想

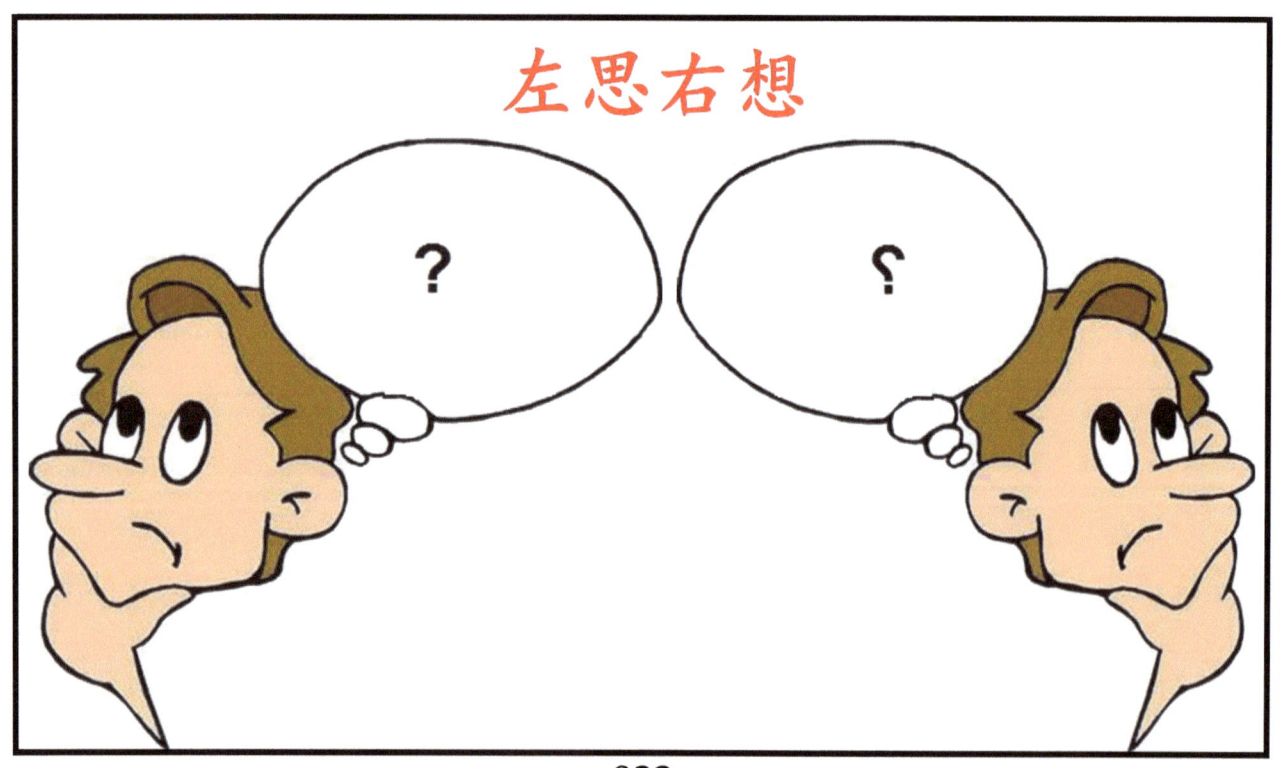

032

先来后到

033

改头换面

034

生死存亡

035

满天星斗

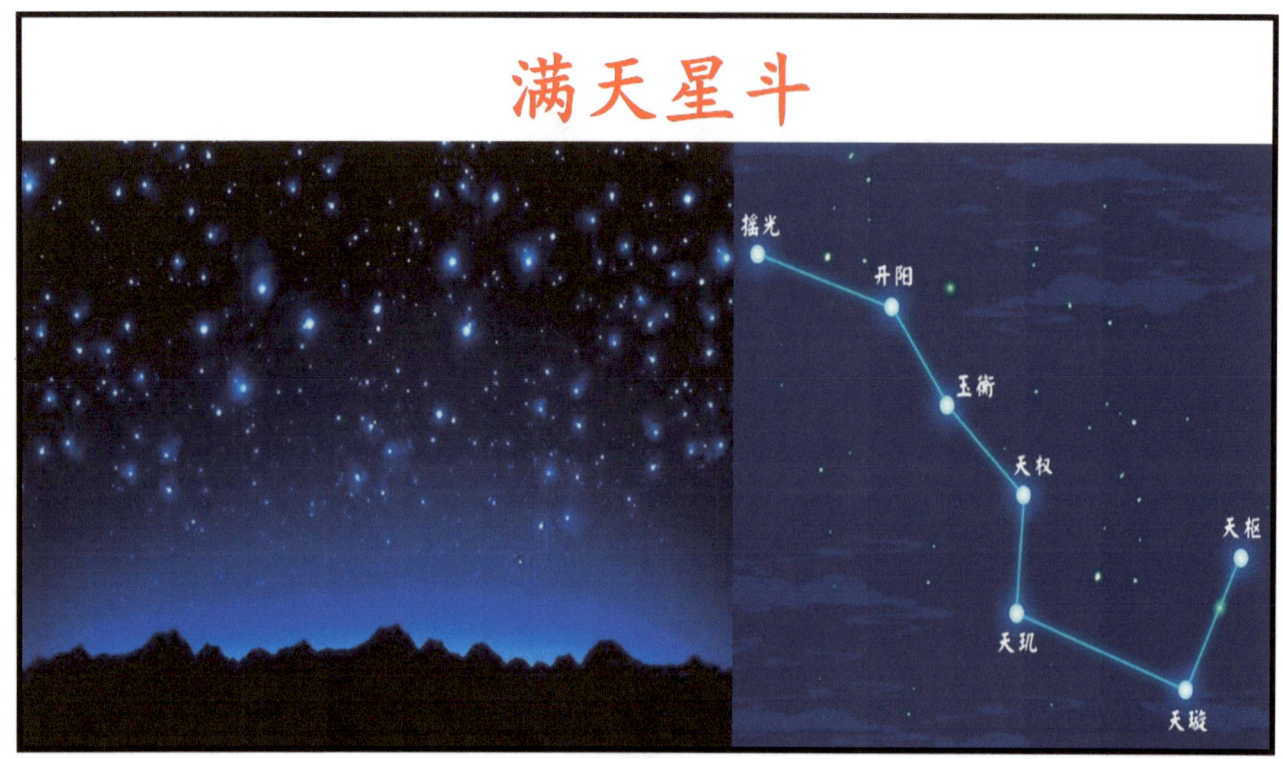

036

天旋地转

笨鸟先飞　　龟兔赛跑

成家立业

明知故问

大模大样

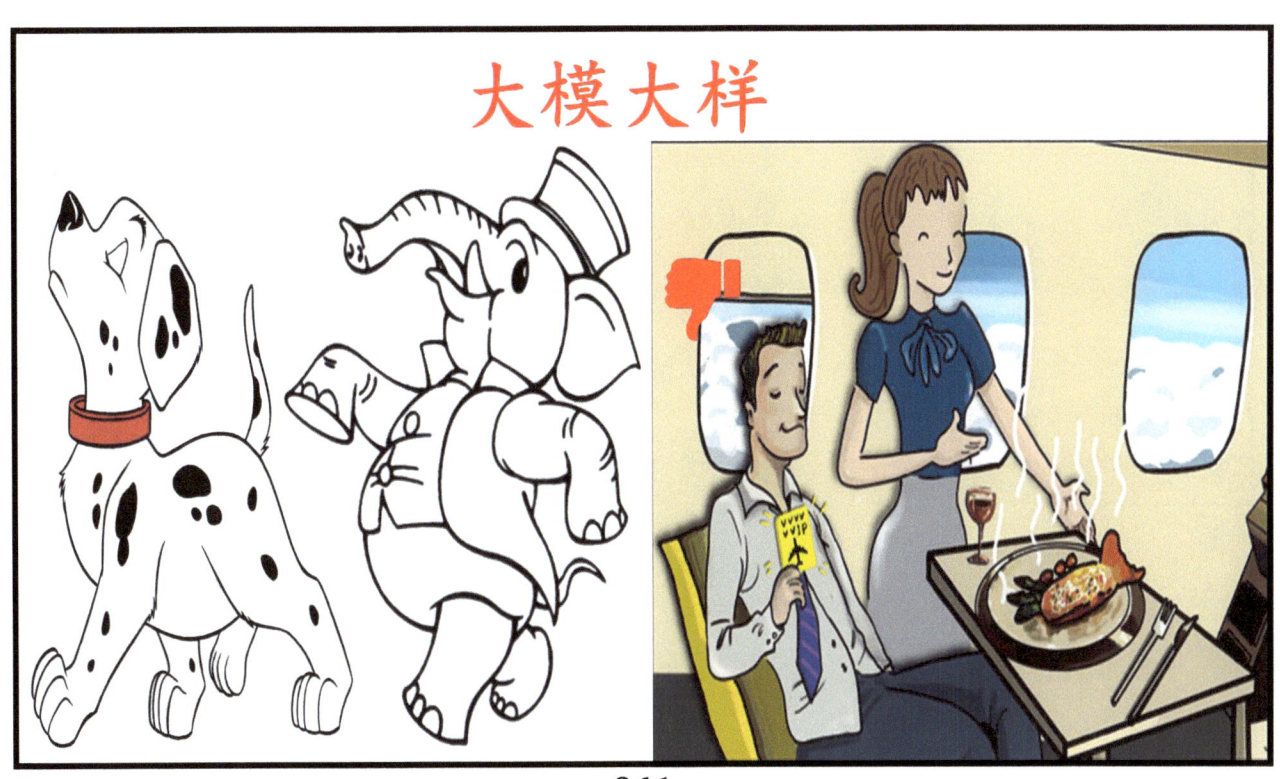

041

踏破铁鞋无觅处，得来全不费工夫。

一直很想得到Pokemon Cards. 没想到圣诞老人送我一套。真是得来全不费工夫！

042

同病相怜

043

一呼百应

044

万贯家财

045

张牙舞爪

046

男女老幼

047

改邪归正

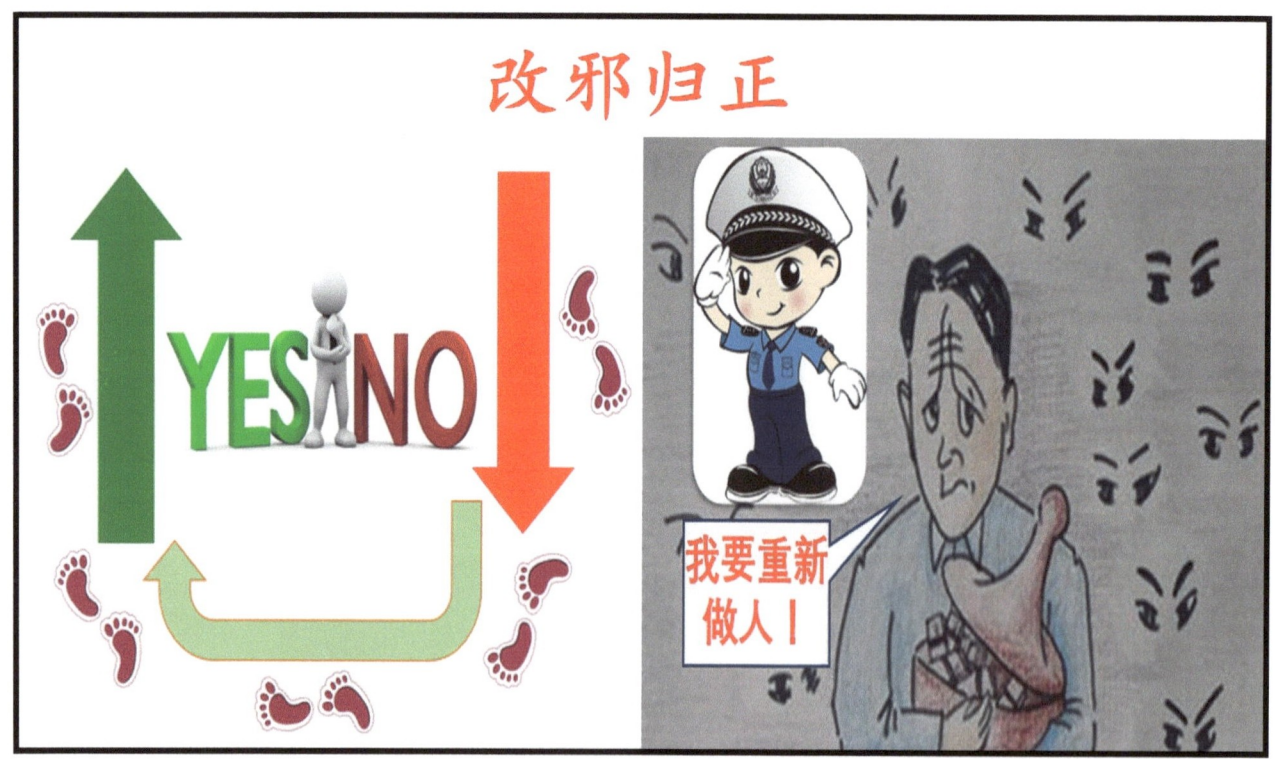

048

宰相肚里能撑船

049

明镜高悬

050

先见之明

051

天姿国色

052

茶思饭想

053

百年之好、百年好合

100年 = 永远在一起……

054

无巧不成书

相传，施耐庵在创作《水浒传》，写武松打虎的时候，不知道怎么写老虎的动作和神态。刚好出门，看到邻居阿巧正和一条恶狗在恶斗，立刻文思泉涌，赶紧回书房，一口气写下千古传颂的武松打虎。

漏网之鱼

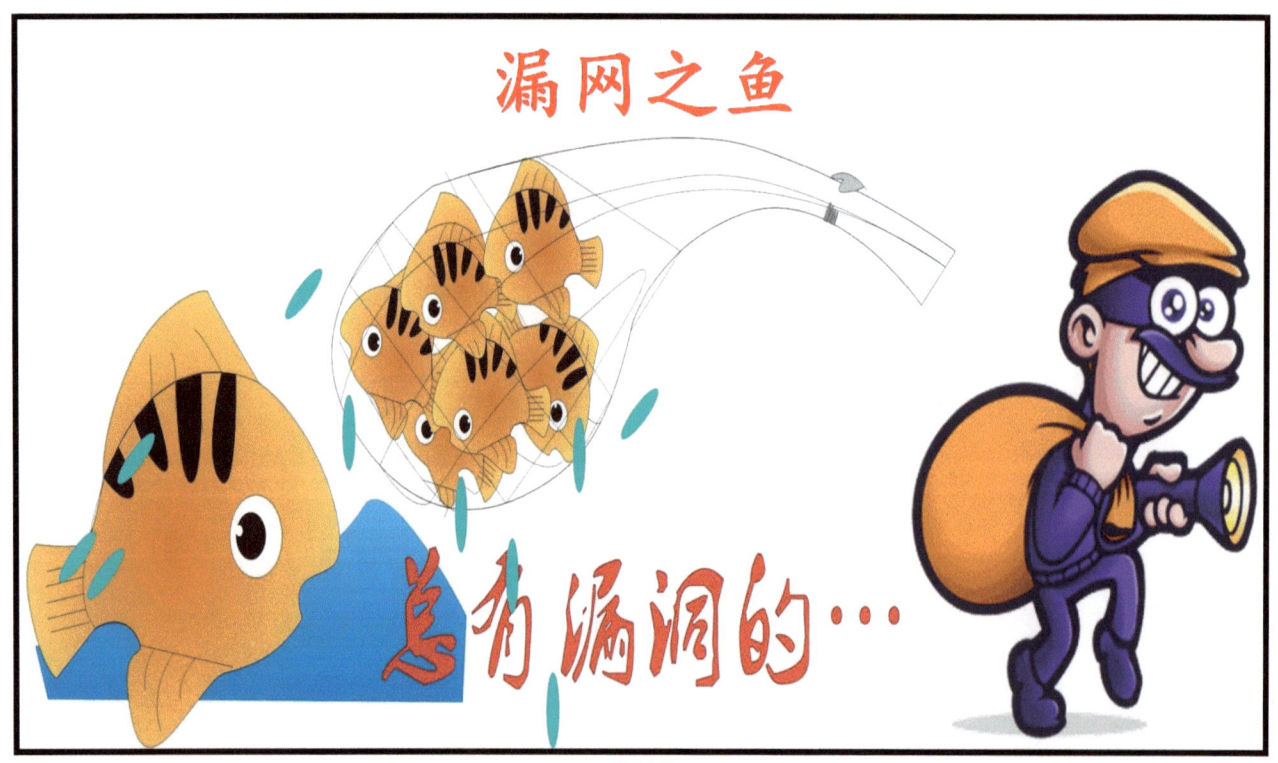

随机应变

随着情况变化灵活机动地应付。例如雨天打伞，雪天穿暖和。很多运动，都是要随机应变的。

057

光阴荏苒

058

如花似玉

目不识丁

素不相识

心惊肉跳

口快心直、心直口快

063

触景生情

064

一尘不染

也形容思想不受坏风气影响,心地纯洁善良。

065

面似银盆

066

天罗地网

067

不入虎穴，焉得虎子。

比喻不亲历险境就不能获得成功。

068

唉声叹气

旗开得胜，马到成功。

水落石出

很奇怪家里种的玉米怎么不见了？偶然看到花栗鼠偷吃玉米，才水落石出。

071

垂头丧气

072

心中暗(窃)喜

073

早出晚归

074

未卜先知

喜出望外

由于没有想到的好事而非常高兴。我问妈妈,能不能一家人去散步。没想到,妈妈说带我们去野餐和放风筝!

夜长梦多

初生牛犊不怕虎

海底捞月

079

上天无路，入地无门。

走投无路

080

执迷不悟

081

海枯石烂

082

掌上明珠

083

愁眉不展

084

仙风道骨

085

海市蜃楼

086

山珍海味

087

结发之妻

088

远走高飞

089

狭路相逢

090

九死一生

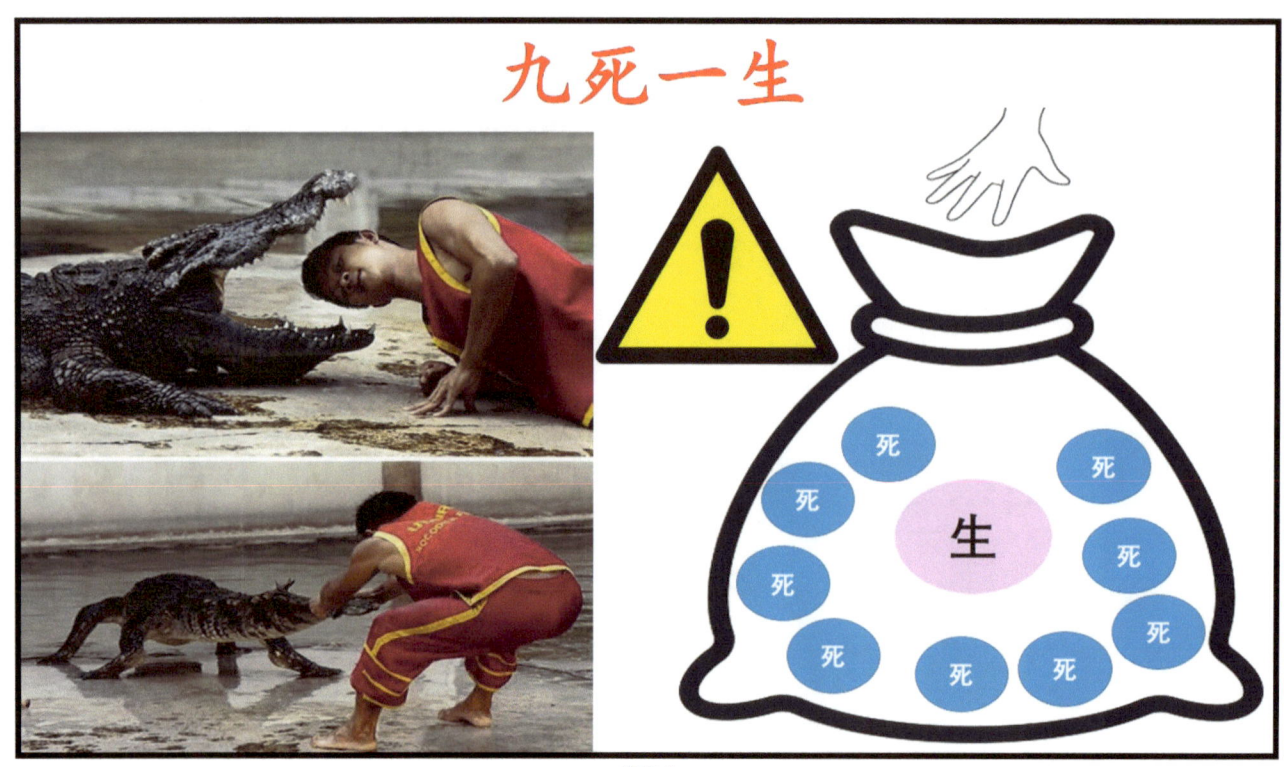

091

万死不辞

092

情同手足

093

乐而忘返

094

身不由己

苦口良言

良药苦口利于病，忠言逆耳利于行。——孔子

小熊做错了事，妈妈的责备就是苦口良言。

井底之蛙

见识短浅　自以为是

愚公移山

画龙点睛

张僧繇

比喻说话或做事，关键部位处理得好。

杯水车薪

一箭双雕

兵强马壮

招兵买马

釜底抽薪

扬汤止沸不如釜底抽薪！

比喻从根本上解决问题。

孔融让梨

拔苗助长

买椟还珠

为了追求发展而污染了地球,就好比买椟还珠,舍本逐末。

爱屋及乌

锦囊妙计

109

因材施教

指针对学生的志趣、能力等具体情况进行不同的教育。树根雕刻也是根据树根的形状和质地进行创作。

110

对症下药

州官倪寻和李延病了,一齐到华佗那儿看病。两人都是头疼,全身发热。华佗仔细诊断,却给他们开不同的药。他俩非常奇怪。

华佗看出他们的疑惑,问道:"生病前你们都做了什么?"

倪寻回忆说:"我昨天赴宴回来,就感到有点不舒服,今天就头疼发烧了。"李延答道:"我好像是昨天没盖好被子受凉了。"

照猫画虎

班门弄斧

水滴石穿

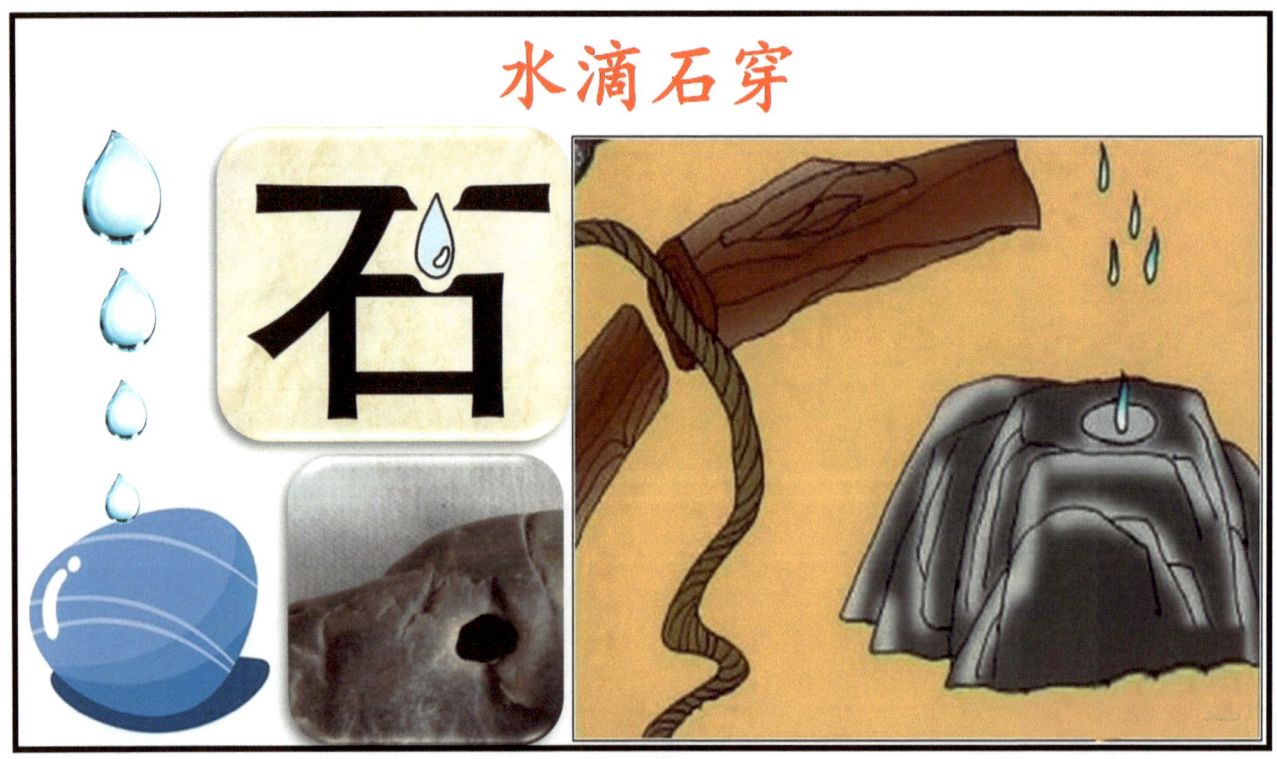

汗如雨下

百发百中

百闻不如一见

前人栽树,后人乘凉。

树木成长需要较长的时间。形容前人的恩惠,后人要感恩。顺便跟孩子们讲保护生态环境的重要性。

风雨同舟

春秋战国时，吴、越两国连年交兵，两国百姓彼此在感情上也很难共容。有一次，吴国人和越国人碰巧共乘一条船渡河。开始时，他们都不理睬对方。船至河心，狂风骤起，霎时惊涛骇浪迎面扑来，船随时有可能覆没。此时，他们忘记了仇恨，相互救济，好像一家人一样。由于全船人的齐心协力，终于安全到达对岸。

比喻共同经历患难。

孟母三迁

画饼充饥

刻舟求剑

比喻不懂变通,墨守成规。

歌声绕梁

125

才高八斗

谢灵运为人清狂,恃才傲物,曾于饮酒时自叹道:"天下才共一石(一种容量单位,一石等于十斗),曹子建(即曹植)独得八斗,我得一斗,自古及今共分一斗。"比喻才学出众。

126

螳螂捕蝉，黄雀在后。

比喻只顾眼前利益，不顾身后祸患。

得意洋洋

出自西汉·司马迁《史记·管晏列传》。晏婴车夫的故事。形容十分得意的样子或称心如意、沾沾自喜的样子。

五光十色

胸有成竹

文与可（文同）

比喻做事前已经有了主意。

一诺千金

花容月貌

抛砖引玉

唐朝一个叫赵嘏(gǔ)的人，诗写得很好。还有一个叫常建的人，诗写得也很好，但他总认为自己的诗不如赵嘏的。一次，常建听说赵嘏要到苏州游玩，十分高兴。心想这是一个向他学习的好机会。可用什么办法才能让他留下诗句呢？他想，"赵嘏来到苏州，肯定会去灵岩寺，如果我在寺里留下半首诗，他看到以后一定会补全的。"于是他就在墙上题下了半首诗。赵嘏真的来到灵岩寺，他看见墙上那半首诗，便提笔补上了两句。常建用自己不是很好的诗，换来了赵嘏的精彩的诗。

八仙过海，各显神通。

动物过冬的方式不同。

盲人摸象

寓意是不能只看到事物的一部分，而应看全局，那样才能全面和真实了解事物的情况。例如每个人都有优点和缺点。

负荆请罪

形容主动向人认错、道歉，给予自己严厉责罚，也表示向人认错赔罪。

专心致志

137

约法三章

138

量体裁衣

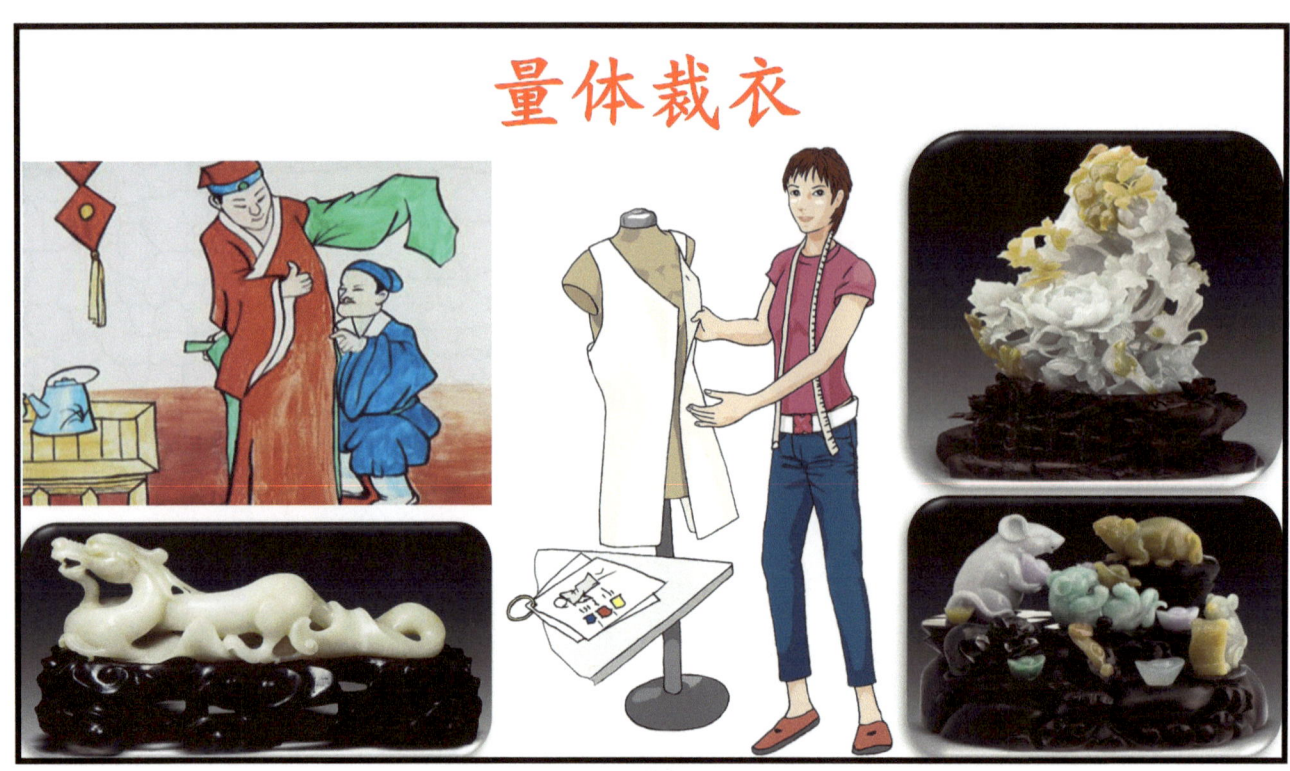

开卷有益

宋太宗每天阅读三卷《太平御览》，曾有人觉得皇帝每天处理那么多国家大事，还要读这么一部大书太辛苦了，就劝告他少看些。宋太宗回答说："开卷有益，朕不以为劳苦。"他由于学问渊博，处理国家大事得心应手。

东郭先生

泛指对坏人讲仁慈的糊涂人，比喻不分善恶，滥施仁慈的人。

141

返老还童

142

名列前茅

不管三七二十一

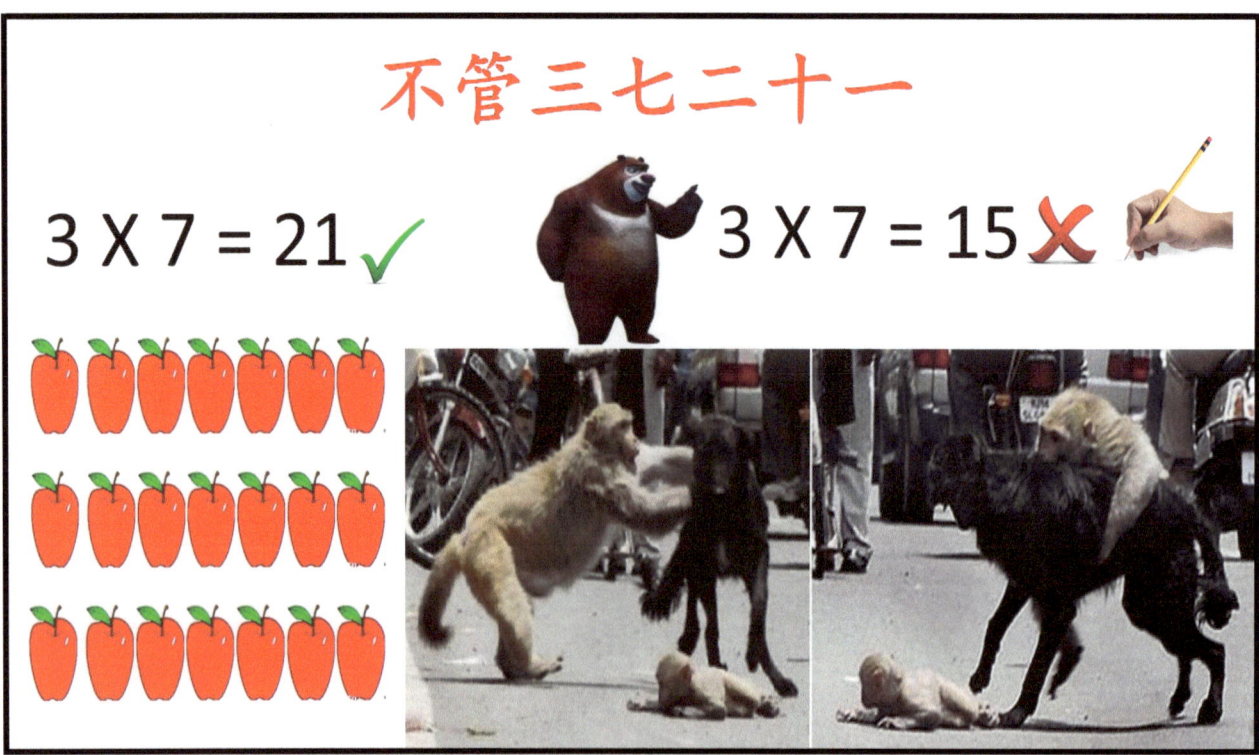

捷足先登

自相矛盾

千里送鹅毛，礼轻情意重。

风驰电掣

海底捞针

形容一件几乎无法完成的任务。

老当益壮

路不拾遗

势如破竹

比喻作战、工作，或比赛节节胜利，毫无阻碍。

天真烂漫

153

手不释卷

154

孺子可教

小孩子虽然有时会调皮，是可以教诲的，后形容年轻人有出息，可造就。

所向披靡

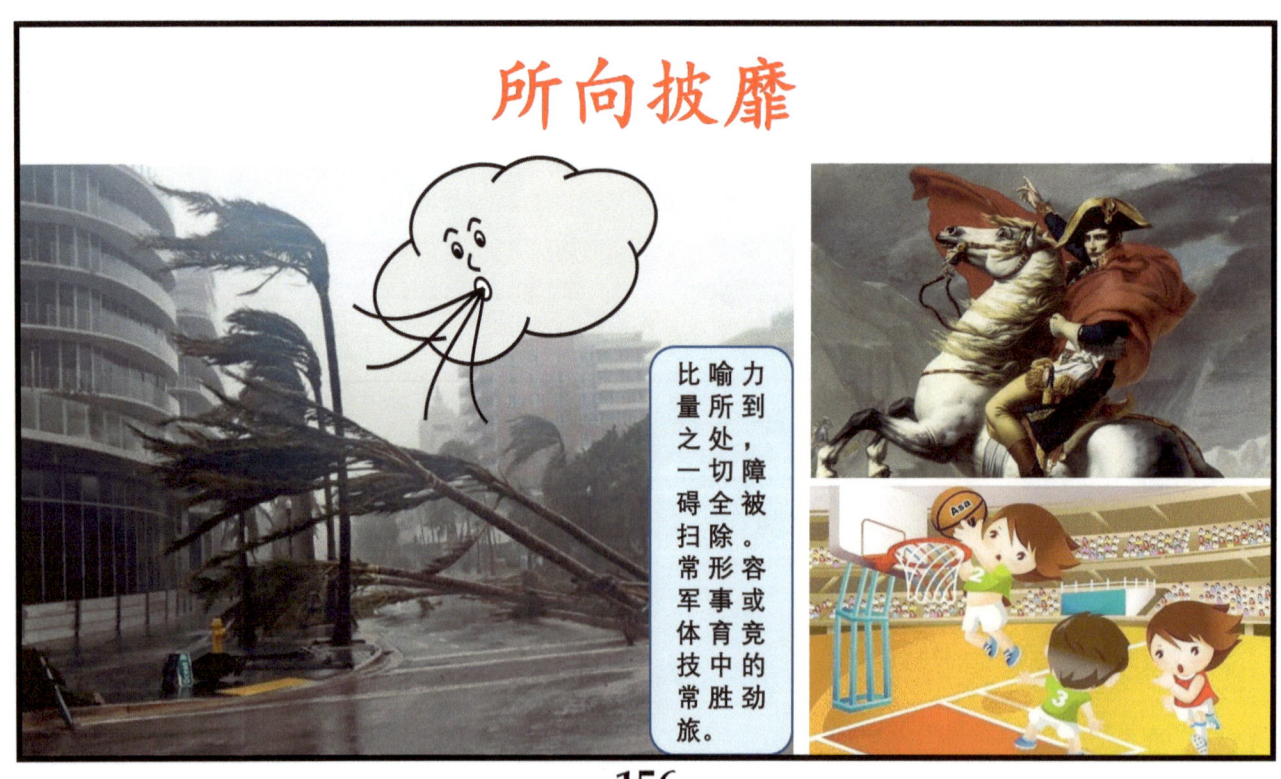

力量所到，障碍被一切全除。形容或竞技中常胜的劲旅。

坚如磐石

留得青山在，不怕没柴烧。

妙手回春

春天

扁鹊

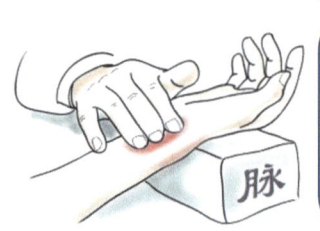
脉

春秋时期，齐国神医扁鹊经过虢(guó)国，听说虢太子猝死，就问中庶子太子的症状，认为虢太子只是假死可以救活。就叫弟子子阳磨好针，在太子的穴位上扎了几针，太子就苏醒过来，再经汤药调解，20天后就完全康复，扁鹊赢得妙手回春的称号。

后来居上

倾盆大雨

鹤立鸡群

火上加油

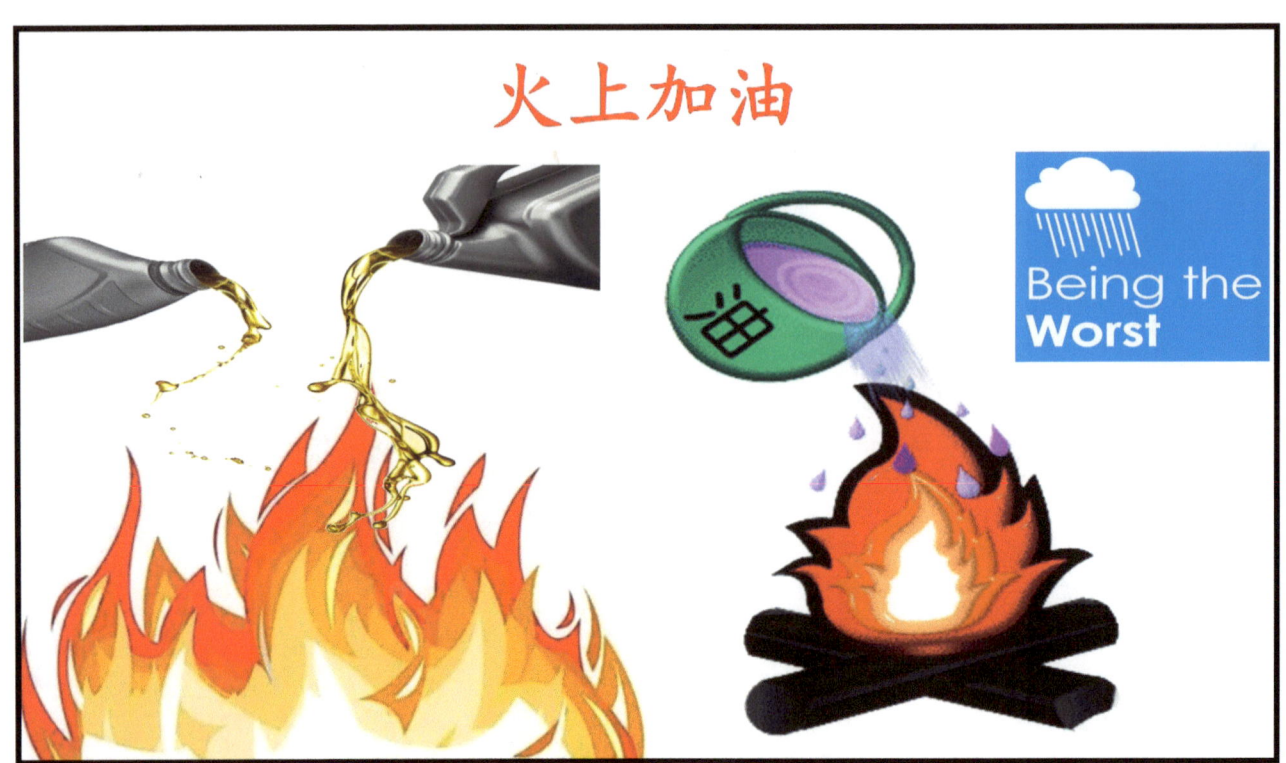

走马上任

以卵击石

165

抱(负)薪救火

166

耳聪目明

听得清楚，看得明白。
形容头脑清楚，眼光敏锐。

见缝插针

幼儿班文化短语列表（一）

编号	短语	出处	编号	短语	出处
1	心(事)乱如麻	《济公传》	43	一呼百应	《济公传》
2	拔刀相助	《济公传》	44	踏破铁鞋无觅处，得来全不费工夫。	《济公传》
3	挥金如土	《济公传》	45	万贯家财	《济公传》
4	鱼目混珠	《济公传》	46	张牙舞爪	《济公传》
5	半吞半吐、吞吞吐吐	《济公传》	47	男女老幼	《济公传》
6	后会有期	《济公传》	48	改邪归正	《济公传》
7	跳入黄河--洗不清	《济公传》	49	宰相肚里能撑船	《济公传》
8	各人自扫门前雪，休管他人瓦上霜。	《济公传》	50	明镜高悬	《济公传》
9	光宗耀祖	《济公传》	51	先见之明	《济公传》
10	谋事在人，成事在天。	《济公传》	52	天姿国色	《济公传》
11	亭台楼阁	《济公传》	53	茶思饭想	《济公传》
12	荣华富贵	《济公传》	54	百年之好（百年好合）	《济公传》
13	热锅上的蚂蚁	《济公传》	55	无巧不成书	《济公传》
14	既有今日，何必当初。	《济公传》	56	漏网之鱼	《济公传》
15	眼明手快	《济公传》	57	随机应变	《济公传》
16	价值连城、无价之宝	《济公传》	58	光阴荏苒	《济公传》
17	不辞劳苦	《济公传》	59	如花似玉	《济公传》
18	民之父母、父母官	《济公传》	60	目不识丁	《济公传》
19	哄堂大笑	《济公传》	61	素不相识	《济公传》
20	心血来潮	《济公传》	62	心惊肉跳	《济公传》
21	聚少成多、积少成多	《济公传》	63	口快心直（心直口快）	《济公传》
22	入不敷出	《济公传》	64	触景生情	《济公传》
23	成全、成人之美	《济公传》	65	一尘不染	《济公传》
24	铁公鸡 -- 一毛不拔	《济公传》	66	面似银盆	《济公传》
25	走漏风声	《济公传》	67	天罗地网	《济公传》
26	纸包不住火	《济公传》	68	唉声叹气	《济公传》
27	貌不惊人	《济公传》	69	水落石出	《济公传》
28	坐吃山空	《济公传》	70	垂头丧气	《济公传》
29	虎头蛇尾	《济公传》	71	不入虎穴，焉得虎子。	《济公传》
30	左思右想	《济公传》	72	旗开得胜，马到成功。	《济公传》
31	若要人不知，除非已莫为。	《济公传》	73	心中暗(窃)喜	《济公传》
32	平起平坐	《济公传》	74	早出晚归	《济公传》
33	先来后到	《济公传》	75	未卜先知	《济公传》
34	改头换面	《济公传》	76	喜出望外	《济公传》
35	生死存亡	《济公传》	77	夜长梦多	《济公传》
36	满天星斗	《济公传》	78	初生牛犊不怕虎	《济公传》
37	天旋地转	《济公传》	79	海底捞月	《济公传》
38	笨鸟先飞	《济公传》	80	上天无路，入地无门。走投无路	《济公传》
39	成家立业	《济公传》	81	执迷不悟	《济公传》
40	明知故问	《济公传》	82	海枯石烂	《济公传》
41	大模大样	《济公传》	83	掌上明珠	《济公传》
42	同病相怜	《济公传》	84	愁眉不展	《济公传》

幼儿班文化短语列表(二)

编号	短语	出处	编号	短语	出处
85	仙风道骨	《济公传》	127	螳螂捕蝉，黄雀在后。	《成语故事》
86	海市蜃楼	《济公传》	128	得意洋洋	《成语故事》
87	山珍海味	《济公传》	129	五光十色	《成语故事》
88	结发之妻	《济公传》	130	胸有成竹	《成语故事》
89	远走高飞	《济公传》	131	一诺千金	《成语故事》
90	狭路相逢	《济公传》	132	花容月貌	《成语故事》
91	九死一生	《济公传》	133	抛砖引玉	《成语故事》
92	万死不辞	《济公传》	134	八仙过海各显神通	《成语故事》
93	情同手足	《济公传》	135	盲人摸象	《成语故事》
94	身不由己	《济公传》	136	负荆请罪	《成语故事》
95	乐而忘返	《济公传》	137	专心致志	《成语故事》
96	苦口良言	《济公传》	138	约法三章	《成语故事》
97	井底之蛙	《成语故事》	139	量体裁衣	《成语故事》
98	愚公移山	《成语故事》	140	开卷有益	《成语故事》
99	画龙点睛	《成语故事》	141	东郭先生	《成语故事》
100	杯水车薪	《成语故事》	142	返老还童	《成语故事》
101	一箭双雕	《成语故事》	143	名列前茅	《成语故事》
102	兵强马壮	《成语故事》	144	不管三七二十一	《成语故事》
103	招兵买马	《成语故事》	145	捷足先登	《成语故事》
104	釜底抽薪	《成语故事》	146	自相矛盾	《成语故事》
105	孔融让梨	《成语故事》	147	千里送鹅毛	《成语故事》
106	拔苗助长	《成语故事》	148	风驰电掣	《成语故事》
107	买椟还珠	《成语故事》	149	海底捞针	《成语故事》
108	爱屋及乌	《成语故事》	150	老当益壮	《成语故事》
109	锦囊妙计	《成语故事》	151	路不拾遗	《成语故事》
110	因材施教	《成语故事》	152	势如破竹	《成语故事》
111	对症下药	《成语故事》	153	天真烂漫	《成语故事》
112	照猫画虎	《成语故事》	154	手不释卷	《成语故事》
113	郑人买履	《成语故事》	155	孺子可教	《成语故事》
114	此地无银三百两	《成语故事》	156	所向披靡	《成语故事》
115	班门弄斧	《成语故事》	157	坚如磐石	《成语故事》
116	水滴石穿	《成语故事》	158	留得青山在，不怕没柴烧。	《成语故事》
117	汗如雨下	《成语故事》	159	妙手回春	《成语故事》
118	百发百中	《成语故事》	160	后来居上	《成语故事》
119	百闻不如一见	《成语故事》	161	倾盆大雨	《成语故事》
120	前人栽树，后人乘凉。	《成语故事》	162	鹤立鸡群	《成语故事》
121	风雨同舟	《成语故事》	163	火上加油	《成语故事》
122	孟母三迁	《成语故事》	164	走马上任	《成语故事》
123	画饼充饥	《成语故事》	165	以卵击石	《成语故事》
124	刻舟求剑	《成语故事》	166	负薪救火	《成语故事》
125	歌声绕梁	《成语故事》	167	耳聪目明	《成语故事》
126	才高八斗	《成语故事》	168	见缝插针	《成语故事》

www.ingramcontent.com/pod-product-compliance
Lightning Source LLC
Chambersburg PA
CBHW041522220426
43669CB00002B/26